Indice

Valle della Caffarella

Come arrivare nella Valle della Caffarella

Ingresso da piazza largo Tacchi Venturi

Da **Piazza San Giovanni:** prendere la linea 87 in direzione Largo Colli Albani e scendere alla fermata Menghini-Crivellucci. Proseguire a piedi per 150 metri.

Dal **Colosseo**: recarsi alla fermata Labicana-Colosseo e prendere la linea 87 in direzione Largo Colli Albani e scendere alla fermata Menghini-Crivellucci. Proseguire a piedi per 150 metri.

Dalla **Stazione Termini**: prendere la linea metro A in direzione Anagnina e scendere alla fermata Colli Albani. Proseguire a piedi per 450 metri.

Dalla **Stazione Tuscolana**: recarsi alla fermata Ragusa e prendere la linea 665 in direzione Piazza San Giovanni in Laterano. Scendere alla fermata Fortifiocca-Baronio e prendere la linea 87 in direzione Largo Colli Albani e scendere alla fermata Menghini-Crivellucci. Proseguire a piedi per 150 metri.

Dalla **Stazione Tiburtina**: recarsi alla fermata Tiburtina e prendere la line metro B in direzione Laurentina. Prendere la linea metro A in direzione Anagnina e scendere alla fermata Colli Albani. Proseguire a piedi per 450 metri.

Ingresso da via Appia Pignatelli

Dal **Colosseo**: a piedi per 100 metri fino alla fermata Celio/Vibenna. Prendere la linea 118 (in direzione Appia/Villa dei Quintili) per 13 fermate. Scendere alla fermata Appia Pignatelli/S. Urbano.

Dalla **Stazione Termini**: a piedi per 150 metri fino alla fermata Termini (MA-MB-FS). Prendere la linea 714 (in direzione Palazzo Sport) per 7 fermate. Scendere alla fermata Terme Caracalla. A piedi per 150 metri fino alla fermata Porta S. Sebastiani/Numa Pompilio. Prendere la linea 118 (in direzione Appia/Villa dei Quintili) per 9 fermate. Scendere alla fermata Appia Pignatelli/S. Urbano.

Dalla **Stazione Tuscolana**: a piedi per 100 metri fino alla fermata Ragusa. Prendere la linea 85 Termini (MA-MB-FS) per 11 fermate. Scendere alla fermata Fori Imperiali. Prendere la linea 118 (in direzione Appia/Villa dei Quintili) per 15 fermate. Scendere alla fermata Appia Pignatelli/S. Urbano.

Dalla **Stazione Tiburtina**: a piedi per 150 metri fino alla fermata Tiburtina. Prendere la linea METRO B (in direzione Laurentina) per 7 fermate. Scendere alla fermata Circo Massimo. A piedi per 350 metri fino alla fermata Terme Caracalla/Porta Capena. Prendere la linea 118 (in direzione Appia/Villa dei Quintili) per 11 fermate. Scendere alla fermata Appia Pignatelli/S. Urbano.

Dalla **Stazione Ostiense**: a piedi per 100 metri fino alla fermata Ostiense/Matteucci. Prendere la linea 716 (in direzione Teatro di Marcello) per 7 fermate. Scendere alla fermata Petroselli.. Prendere la linea 118 (in direzione Appia/Villa dei Quintili) per 18 fermate. Scendere alla fermata Appia Pignatelli/S. Urbano.

Da **Piazza Del Popolo**: a piedi per 200 metri fino alla fermata Maria Adelaide. Prendere la linea 628 (in direzione Baronio) per 13 fermate. Scendere alla fermata Terme di Caracalla/Valle Camene. . Prendere la linea 118 (in direzione Appia/Villa dei Quintili) per 10 fermate. Scendere alla fermata Appia Pignatelli/S. Urbano.

Ingresso da Via Macedonia

Da **Piazza del Popolo**: a piedi per 200 metri fino alla fermata Maria Adelaide. Prendere la linea 628 (in direzione Baronio) per 20 fermate. Scendere alla fermata Gregorovius. A piedi per 150 metri.

Da **Piazza San Giovanni**: a piedi per 100 metri fino alla fermata Porta San Giovanni (MA). Prendere la linea 665 per 9 fermate. Scendere alla fermata Gregorovius. A piedi per 150 metri.

Dal **Colosseo**: a piedi per 100 metri fino alla fermata Celio/Vibenna. Prendere la linea 118 (in direzione Appia/Villa dei Quintili) per 2 fermate. Scendere alla fermata Terme Caracalla/Porta Capena. Prendere la linea

628 (in direzione Baronio) per 8 fermate. Scendere alla fermata Gregorovius. A piedi per 150 metri.

Dalla **Stazione Termini**: a piedi per 200 metri fino alla fermata Termini. Prendere la linea METRO A (in direzione Anagnina) per 5 fermate. Scendere alla fermata Ponte Lungo. A piedi per 50 metri fino alla fermata Gela. Prendere la linea 665 per 7 fermate. Scendere alla Macedonia. A piedi per 50 metri.

Dalla **Stazione Tiburtina**: a piedi per 150 metri fino alla fermata Tiburtina (FS). Prendere la linea FL1 (in direzione Fiumicino) per 1 fermata. Scendere alla fermata Tuscolana. A piedi per 150 metri fino alla fermata Monselice/Stazione Tuscolana. Prendere la linea 665 per 8 fermate. Scendere alla fermata Macedonia. A piedi per 50 metri.

Dalla **Stazione Ostiense**: a piedi per 100 metri fino alla fermata Ostiense/Matteucci. Prendere la linea 716 (in direzione Teatro Marcello) per 7 fermate. Scendere alla fermata Petroselli. Prendere la linea 628 (in direzione Baronio) per 12 fermate. Scendere alla fermata Gregorovius. A piedi per 150 metri.

Quadro di unione delle mappe

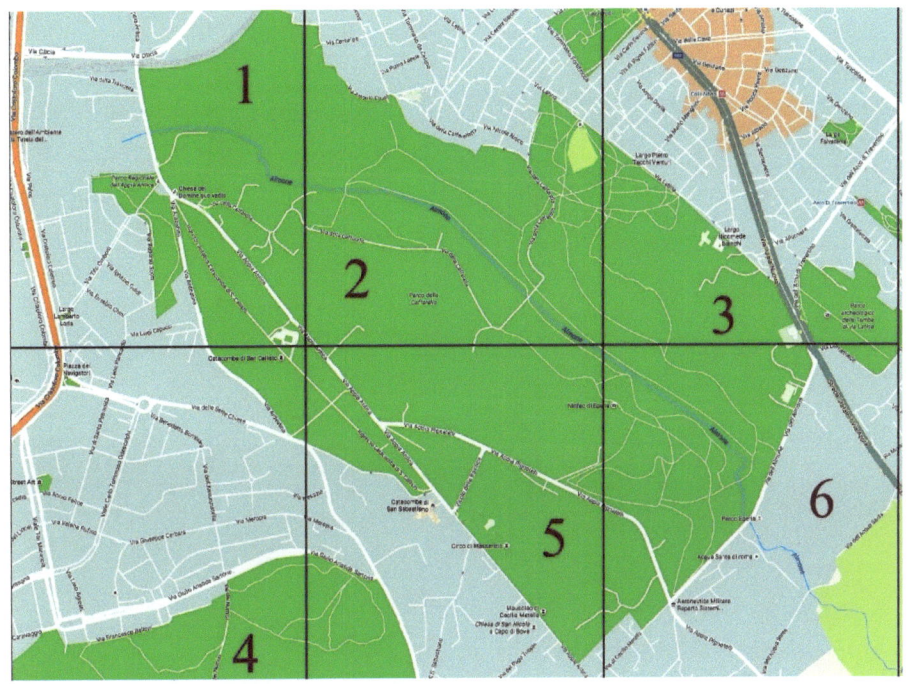

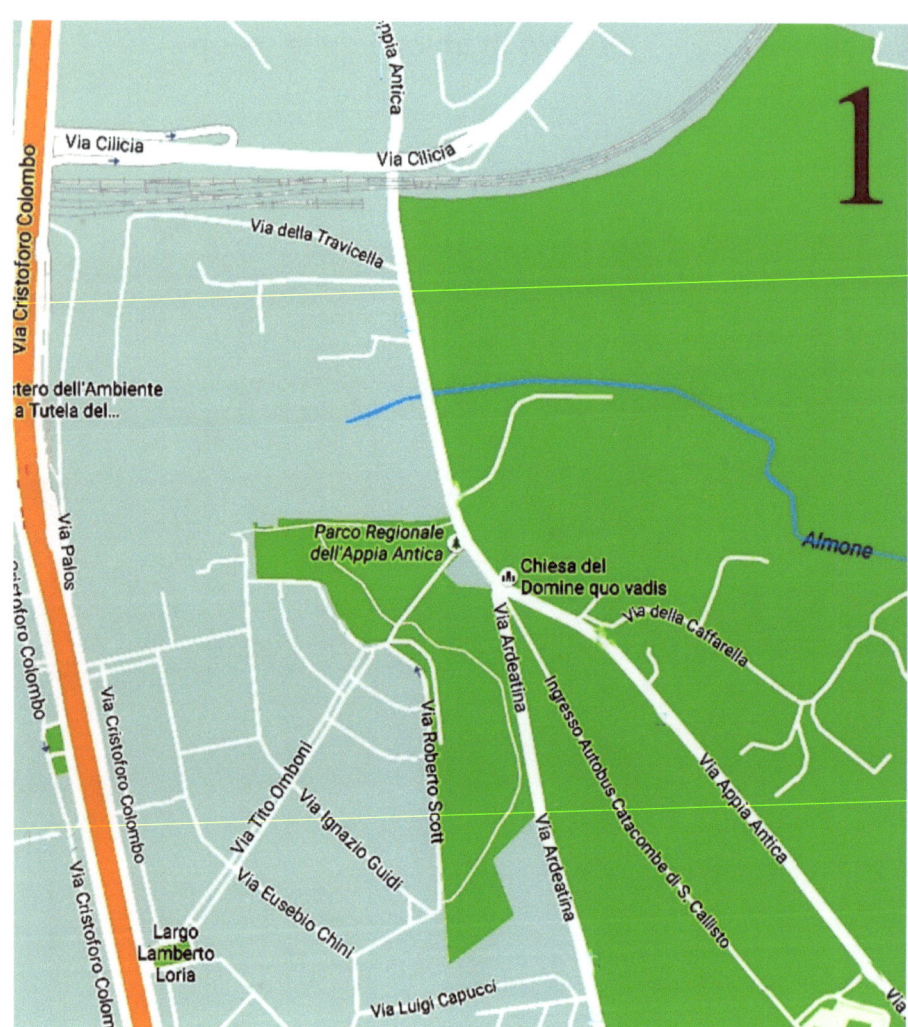

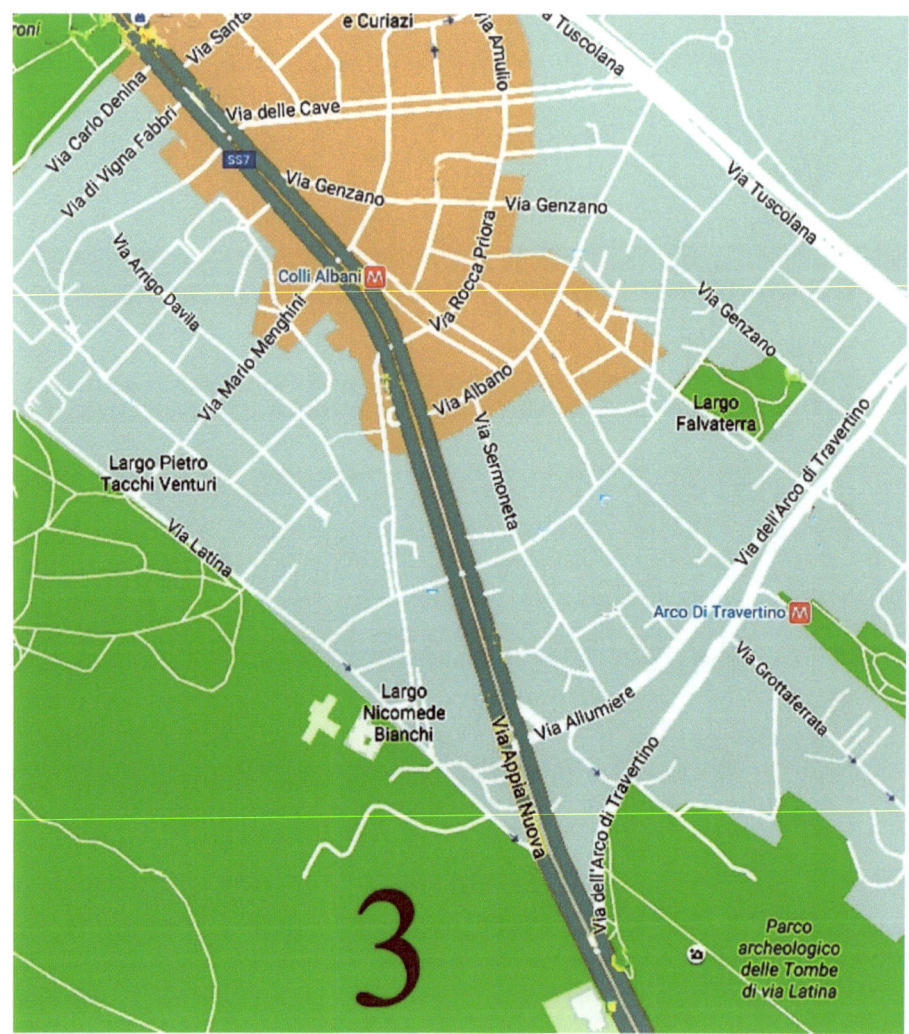

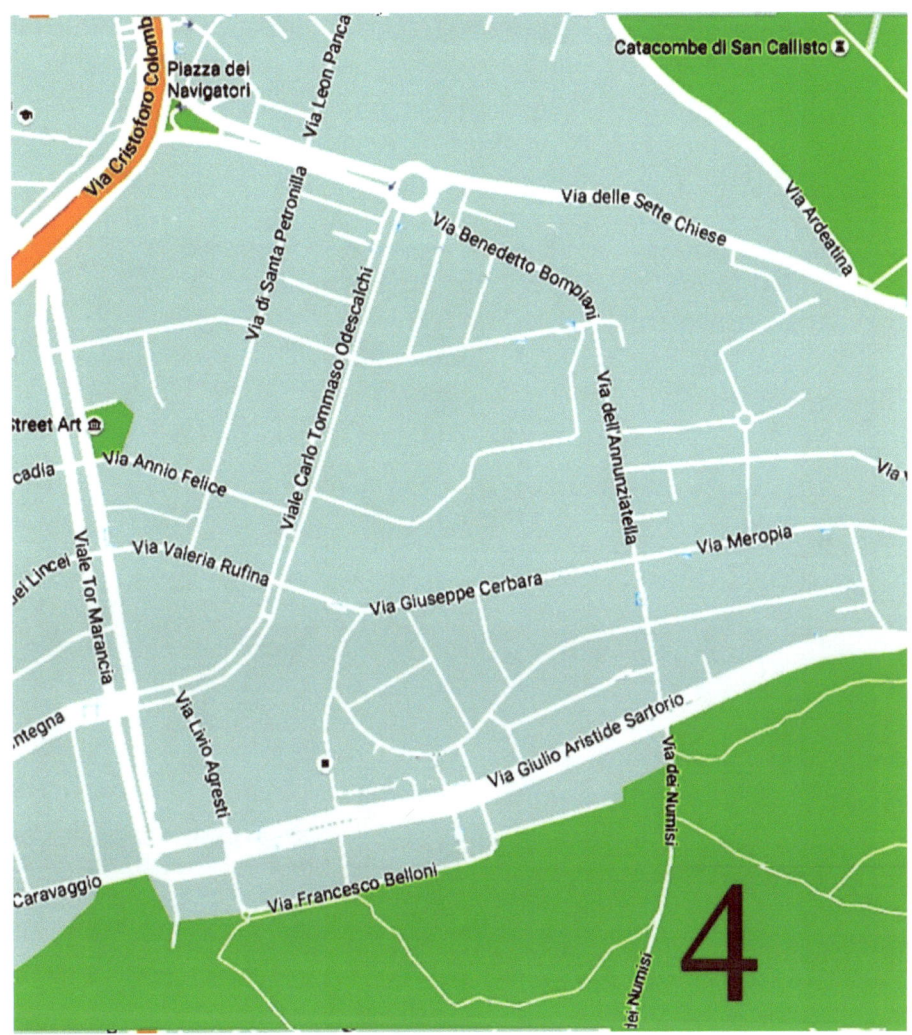

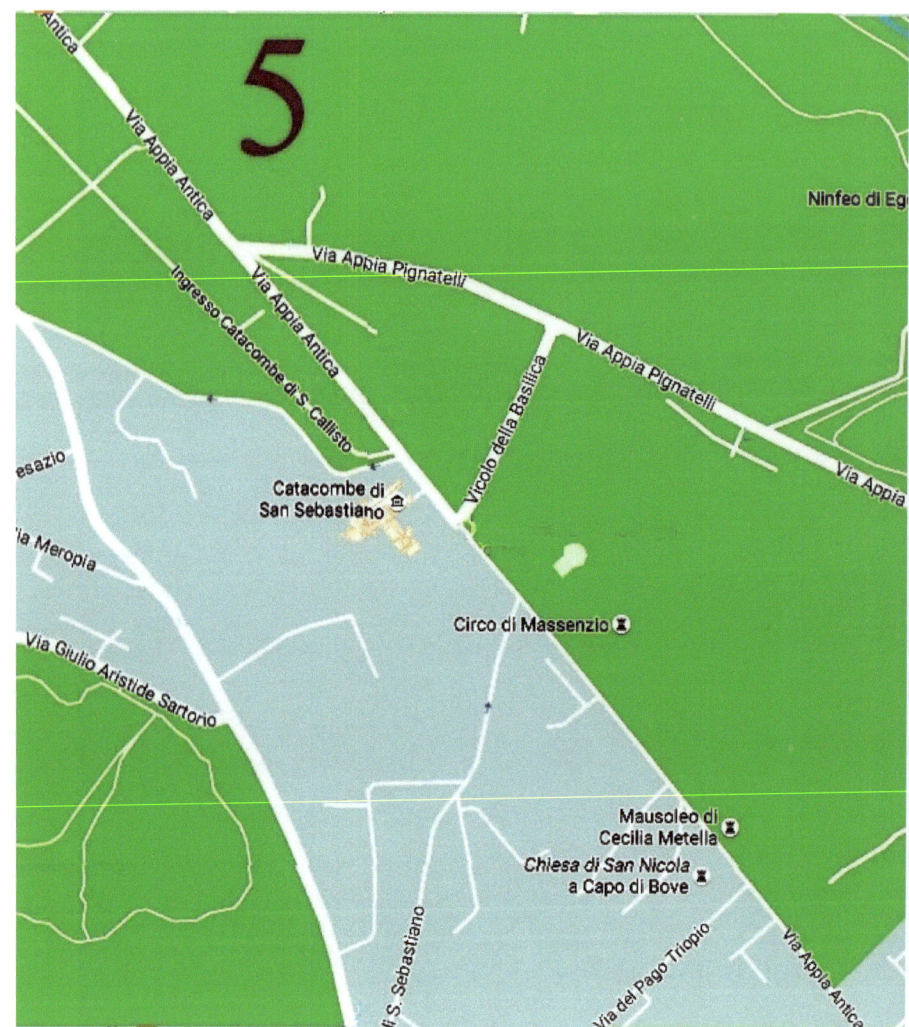

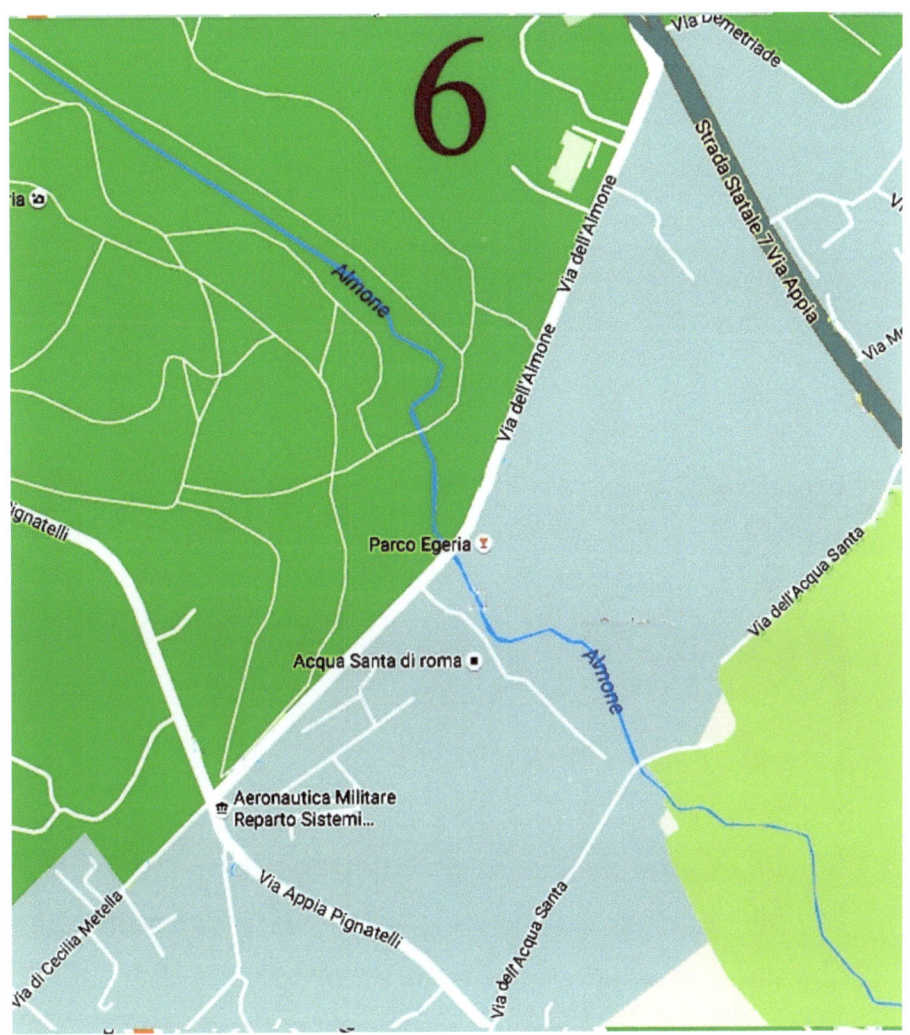

La valle della Caffarella

La valle della Caffarella è una vasta area verde (19,6 Km^2) nel cuore della città di Roma. La valle prende il nome dalla famiglia Caffarelli che fu proprietaria di questa vasta zona. La valle è di tipo alluvionale e fu creata dal fiume Almone che ancora vi scorre. Il fiume scavò i depositi di tufo che si erano formati in seguito all'attività eruttiva dei Colli Albani. Oggi si possono vedere ancora le pareti di tufo che sovrastano il fondo della valle costituita dai depositi alluvionali.

Attualmente la valle fa parte del Parco Regionale dell'Appia Antica. La valle, nel corso dei secoli, è stata oggetto di leggende dovute alla presenza del fiume Almone che era sacro per gli antichi Romani. Ci sono ancora tracce del bosco sacro ai Romani e resti ben visibili del Ninfeo di Egeria che le dicerie dell'epoca indicavano come il luogo d'incontro tra Numa Pompilio e la Dea che si diceva fosse consorte e consigliera del re.

Uno sguardo alla natura della valle

La valle, fin dai tempi antichi è stata rigogliosa vista l'abbondanza di acqua che l'attraversa.

Boschi, radure, zone umide, vegetazione, hanno sempre reso questa zona particolare e speciale, ma adesso dopo tutti gli interventi umani atti a sfruttare questa grande risorsa dell'assetto naturalistico della zona resta molto meno.

Però non tutto è perduto, se l'intervento dell'uomo ha modificato la naturale evoluzione della zona, dall'altro canto ha spesso permesso lo svilupparsi di assetti favorevoli.

Così accanto a piccoli boschi con alberi secolari troviamo quelli sviluppati dall'intervento umano recente.

Innumerevoli sono le specie animali che prosperano in quest'ambiente ricco di varietà vegetali e di acqua.

Parlarne ampiamente di tutto sarebbe un libro a parte, quindi mi limito a fornirvi per ogni categoria vegetale e animali, quali specie potreste incontrare lungo una passeggiata nella valle.

Gli appassionati di birdwatching e di fotografia naturalistica si appassioneranno sicuramente alle possibilità offerte dalla valle della Caffarella.

Mammiferi: arvicola di Savi, coniglio selvatico, crocidura, donnola, faina, istrice, mustiolo, pipistrello nano, ratto nero, rinolofo, riccio, surmolotto, talpa, topo, topo selvatico, vespertilio, volpe.

Uccelli: allocco, allodola, airone cinerino, assiolo, balestruccio, barbagianni, beccaccino, cannaiola, cannareccione, capinera, cappellaccia, cardellino, cinciarella, cinciallegra, civetta, cornacchia grigia, cuculo, gabbiano comune, gabbiano reale, gallinella d'acqua, gheppio, martin pescatore, nibbio bruno, merlo, passera, pavoncella, pettirosso, piccione, picchio rosso, poiana, rondine, rondone, scricciolo, sterpazzola, storno, strillozzo, taccola, torcicollo, tortora, strillozzi, upupa, usignolo verdone, verzellino.

Anfibi: rana verde, raganella, rospo comune, rospo smeraldino, salamandra gialla e nera, tritone volgare, tritone crestato.

Rettili: biacco, cervone, geco, emidattilo, lucertola, natrice, ramarro, orbettino, saettone, tartaruga, vipera

Flora: acero campestre, alaterno, canneto, cerro, corniolo, equiseto, farnia, gigaro, ginestra, leccio, olmo, pervinca, roverella, salice bianco.

Il ninfeo di Egeria

Il ninfeo di Egeria risale al II secolo come si evince dai materiali impiegati nei laterizi che lo compongono. L'acqua sgorga da una statua del Dio Almone posta sul retro che attualmente appare decapitata.

La leggenda narra Egeria come l'amante e consigliera del re Numa Pompilio. Alla morte del re, la Dea si sciolse in un pianto generando una fonte di acqua.

Egeria era una delle ninfe Camene e perciò la valle della fonte era chiamata Vallis Camenarum.

Nel II secolo Erode Attico convertì la grotta di origine naturale in una struttura chiusa. La struttura era coperta da volte di tipo absidale. Nell'interno fu posta una statua raffigurante la Dea Egeria. Le pareti furono rivestite di marmo bianco e verde, mentre il pavimento fu adornato con porfido verde con mosaici.

Il fiume Almone

Il fiume Almone nasce dai Colli Albani e confluisce poi nel fiume Tevere. Il fiume dai romani attualmente è chiamato Marrana della Caffarella.

Gli antichi romani identificavano questo fiume con il Dio Almone che era in grado di dare abbondanti acque o periodi di siccità.

Almone era il figlio del pastore Tirro che accudiva alle stalle reali del re Latino. Almone era riuscito ad addomesticare un cervo, ma fu ucciso da Ascanio (figlio di Enea) e il fatto scatenò una rissa tra pastori troiani e italici nella quale Almone fu ucciso. Alfine Almone fu divinizzato e il fiume è l'incarnazione del Dio.

Nell'antica Roma era teatro di cerimonie in onore della Dea Cibele. Il rito si svolgeva il 27 Marzo ed era chiamato Lavatio Matris Deum. Ogni anno, la pietra nera era portata in processione e lavata nell'acqua del fiume insieme ai coltelli sacrificali.

24

Il casale della Vaccareccia

Nel 1529, la famiglia Caffarelli cominciò a riunire i vari appezzamenti di terreno in unica tenuta. Al centro della tenuta fu costruito il casale. Durante la costruzione, fu inglobata una torre del XII secolo fatta di blocchetti di tufo e scaglie di marmo. Il porticato del casale ha colonne di granito con capitello e il piano nobile si trova al primo piano.

Nel 1695 il fondo passa ai Pallavicini e in seguito nel 1816 ai Torlonia che completarono l'assesto idrico, la ristrutturazione del casale, la bonifica della zona e aggiunsero una vasta stalla lateralmente all'aia.

In epoca umbertina, la zona fu sfruttata come cava di pozzolana per l'edificazione delle nuove zone di Roma.

In questo periodo, il casale ospita un'azienda agricola, ma il suo stato è quasi di abbandono. Nel 2012 è stato predisposto un restauro della struttura.

Per accedere alla zona dove si trova il Casale della Vaccareccia, conviene raggiungere l'ingresso di via C. De Bildt che si trova nelle vicinanze di Largo Tacchi Ventura. Seguendo le nostre indicazioni per raggiungere Tacchi Ventura, una volta sul luogo a chiunque domandiate facilmente v'indirizzerà nella direzione giusta. Oppure entrando da Tacchi Ventura, una volta scesi nella valle, potrete prendere il sentiero di destra e farvi una passeggiata, non lunga, fino al casale.

La cisterna detta "Fienile dei Torlonia"

La cisterna chiamata il fienile dei Torlonia ha una forma rettangolare. Risale all'epoca imperiale di Roma. Ha dimensioni di 14,5 x 5,5 metri. La cisterna, nel 2011, in parte, è crollata.

Il colombario di Costantino

Il Colombario di Costantino è un piccolo tempio risalente al II sec. La dimensione della base è di circa 5.4 X 7.8 metri. Lo stato di conservazione è buono fino al tetto, che era probabilmente del tipo a due spioventi. Il suo utilizzo dura fino al Medioevo quando è stato utilizzato come un mulino. Tra il XVII e il XVIII secolo, un incendio lo distrusse decretando l'abbandono.

Al piano terra c'era la camera sepolcrale sulle cui pareti c'erano nicchie contenenti le ceneri dei morti. Di fronte all'ingresso principale c'erano due colonne che non sono attualmente presenti. Al piano superiore, probabilmente, sono stati tenuti riti e festeggiamenti in onore del defunto.

La cisterna romana

La cisterna romana si sviluppava su due livelli e risale al periodo iniziale della Roma imperiale. Probabilmente, in origine, era luogo di sepoltura ed è stata utilizzata per raccogliere l'acqua piovana.

La Torre Valca

La Torre Valca risale al XII secolo, quando i conti Tuscolani fortificarono la zona della Caffarella. La torre è stata costruita con blocchi di tufo e peperino. Aveva un ponte levatoio collegato al primo piano. La torre serviva per controllare il ponte sul fiume Almone.

La torre fu oggetto di successive ristrutturazioni. Deve il suo nome al fatto che fu sede di un mulino ad acqua (Valca) utilizzato per la lavorazione della lana.

La tomba di Annia Regilla o Tempio del Dio Redicolo

Questo nome è stato dato nel XIX secolo, ma non definisce esattamente il complesso funerario. Per capire, bisogna dire qualcosa sulla vita di Annia Regilia. Appia Annia Regilla Atilia Caucidia Tertulla era un membro di una nobile famiglia romana. Quando aveva quattordici anni, si sposò con Erode Attico che aveva quarant'anni. Erode era un uomo politico, arrabbiato e violento, che insegnava retorica. L'uomo, socialmente importante, ebbe tra i suoi studenti due futuri imperatori. Poiché Erode era di origine greca, dopo un breve periodo a Roma, la coppia si trasferisce a Maratona in Grecia.

In Grecia, Annia diventa sacerdotessa della dea Demetra e della dea Tyche. Demetra (equivalente alla dea romana Cerere) era la dea delle vittime della violenza familiare, dell'ambiente, della raccolta e del matrimonio.

Invece Tyche era la dea della fortuna.

Annia diede alla luce cinque figli e quando era incinta del sesto, fu uccisa da Alcimedonte che la picchiò fino alla morte.

Erode fu accusato dell'omicidio dal fratello di Annia, ma poiché era un amico dell'imperatore, fu assolto. Erode finse un grande dolore per la morte della moglie, e fece scrivere da un poeta un panegirico inciso su due ceppi dedicato a sua moglie.

I cippi sono giunti fino a noi perché furono trovati di fronte la chiesa di San Sebastiano. Adesso sono nel Museo del Louvre.

Annia fu sepolta in Grecia, ma non sappiamo esattamente dove. Erode nel frattempo, s'impadronisce della proprietà della famiglia di Annia e chiama tutta la zona Triopio.

Nel Triopio, Erode fece costruire, in memoria della moglie, un cenotafio e un tempio dedicato a Cerere e Faustina.

Nel diciottesimo secolo il tempio fu usato come fienile. Dello stesso periodo sono un casale (ancora oggi visibile) e una torre facente parte del sistema difensivo della valle.

Il tempio si sviluppa su due piani e siede su un podio.

Il materiale utilizzato è un mattone giallo, mentre le decorazioni sono di colore giallo cotto. Al piano basso era collocata la cella funeraria mentre al primo piano si svolgevano le cerimonie in onore dei defunti. Davanti alla facciata (in direzione est) c'era un portico con quattro colonne che permetteva di accedere al piano superiore. La parete invece in direzione sud presenta due semicolonne con capitelli corinzi incassate nella parete.

Il tempio di Cerere e Faustina

Il tempio è in posizione dominante sulla valle e prende il nome di S. Urbano nel IX secolo in onore del vescovo martire al tempo di Marco Aurelio.

In effetti, il tempio è stato utilizzato nel IX secolo dai monaci basiliani che la trasformarono in un oratorio cristiano. I monaci dedicarono il tempio a Santo Urbano e oggi il luogo è anche conosciuto come "la Chiesa di Santo Urbano alla Caffarella".

Il tempio è di tipo prostilo ed è posto su un podio con una scaletta con sette scalini. La struttura è realizzata in mattoni e le decorazioni sono state fatte con il marmo proveniente dalle cave di Erode Attico in Grecia.

Internamente, si può vedere il tipo volta a cassettoni, con stucco che rappresenta l'apoteosi di Anna Regilia.

Sulle pareti ci sono rappresentazioni pittoriche risalenti al X secolo.

L'aspetto attuale deriva dagli interventi eseguiti nel 1634 per volontà di papa Urbano VIII che fece aggiungere un muro in mattoni tra le colonne del porticato anteriore.

Visitare il tempio in questo periodo è difficile perché l'accesso non è libero, conviene quindi informarsi prima su come prendere un appuntamento per la visita.

Aree attrezzate

Molti delle aere della valle sono attrezzate in modo adeguato per consentire pic-nic, attività sportive e ricreative. Ci sono strumenti per la ginnastica, parchi giochi per i bambini, panchine su cui riposare e ammirare gli splendidi scenari, le tipiche fontanelle di Roma per dissetarsi (chiamate nasoni perché la forma del tubo da cui esce l'acqua ricorda quella di un grande naso). Nella valle, molte palestre portano i loro atleti ad allenarsi all'aperto e molte persone abitualmente fanno jogging o vanno in bicicletta lungo i sentieri della valle. Una valle viva in cui è concreta la possibilità di avvicinarsi alla natura, per conoscere, per imparare ad amarla proprio dove nessuno riterrebbe che sia possibile: nel cuore di una città come Roma.

Passeggiando lungo I sentieri

Altri libri della Collana Vivere Roma

Villa dei Quintili

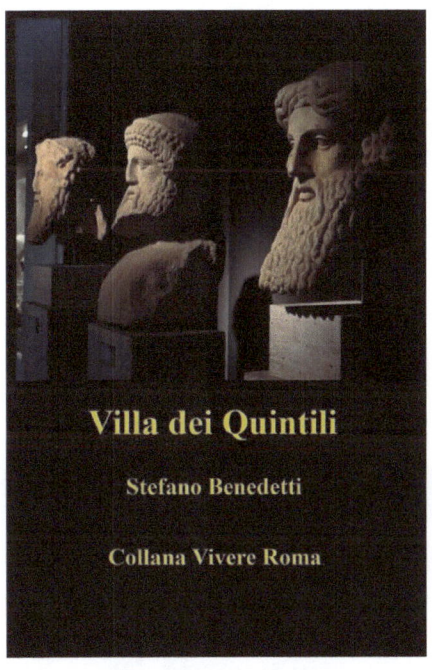

Il nuovo libro di Stefano Benedetti Villa dei Quintili adotta la collaudata formula fotografie (per consentire una visita a chi non può recarsi nel sito di persona) + testo (per raccontare tutto quello che si conosce sul sito). Il libro inaugura la collana Vivere Roma, una serie di agevoli libri che svelano i luoghi di Roma meno conosciuti e più interessanti. L'area archeologica di Villa dei Quintili è senz'altro un luogo che non si può ignorare, sia per la vastità sia per la ricchezza di reperti. Il libro fornisce anche indicazioni dettagliate su come raggiungere il sito con il trasporto pubblico e altre utili informazioni.

Altri libri pubblicati dall'autore

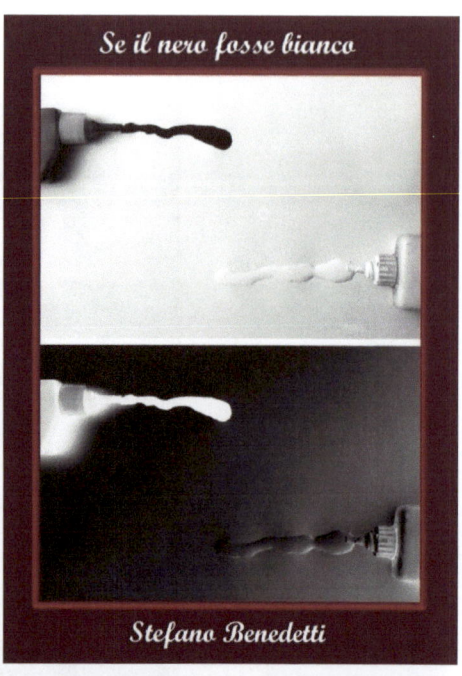

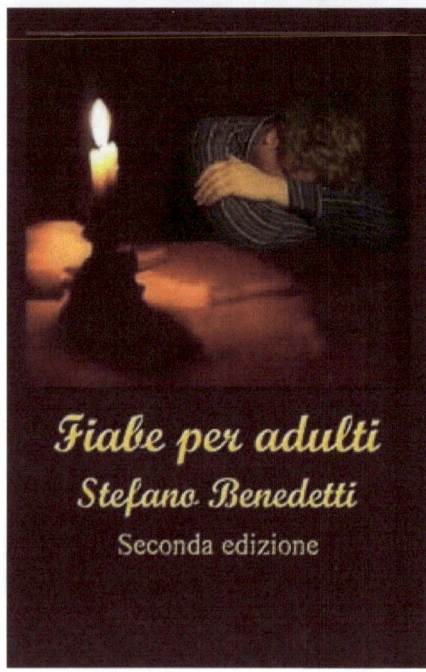

Antalogia
Volume 1: le finestre
Stefano Benedetti

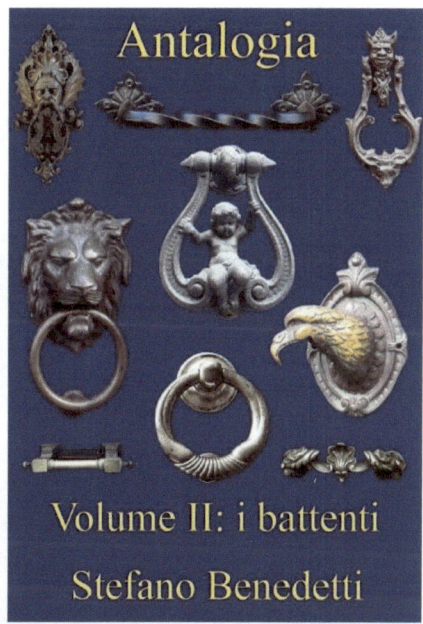

Antalogia

Volume II: i battenti

Stefano Benedetti

Antalogia Volume III: i portoni
Stefano Benedetti

Noi, quelli di città
Stefano Benedetti

Allium, cioè proprietà farmacologiche, storia, coltivazione, ricette e benefici dell'aglio

Stefano Benedetti

Collana: Alimentazione e benessere

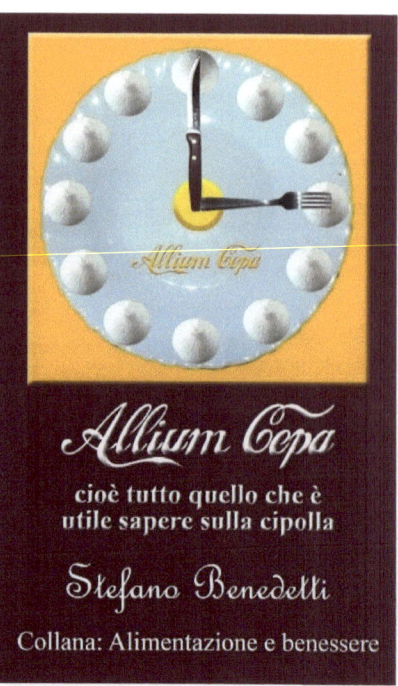

Allium Cepa

cioè tutto quello che è utile sapere sulla cipolla

Stefano Benedetti

Collana: Alimentazione e benessere

Juglans Regia, cioè la ghianda di Giove più importante: la noce

Stefano Benedetti

Collana Alimentazione e benessere

Malus domestica, cioè il pomo della conoscenza: la mela

Stefano Benedetti

Collana Alimentazione e benessere

KRENF

STEFANO BENEDETTI

Briciole di terra
Fra prosa, poesia e canzone

Stefano Benedetti

Poesie proibite

Stefano Benedetti

Fotografia caleidoscopica

Stefano Benedetti

Collana Fotografia e società

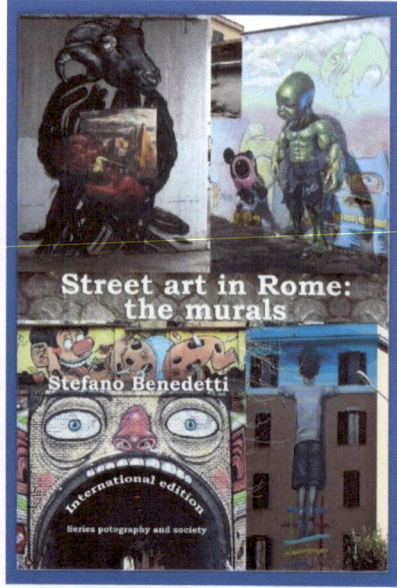

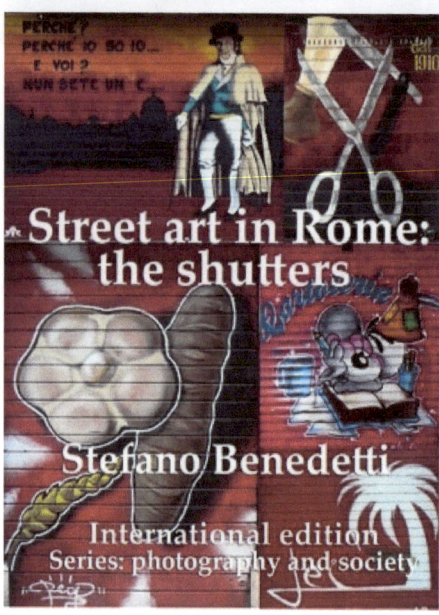

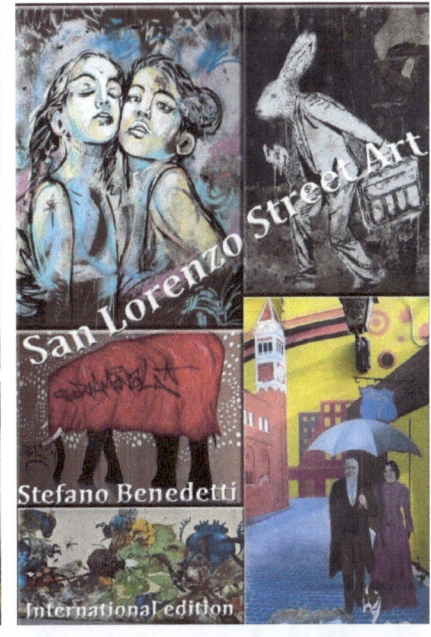

**Cameras estimates
1900-2000**

Stefano Benedetti

English edition

Series: Photography and society

**Camera lenses estimates
Stefano Benedetti**

International edition
Series photography and society

**Le quotazioni di 2200
apparecchi fotografici
dal 1900 al 2000**

Stefano Benedetti

Collana Fotografia e società

Le stime degli obiettivi fotografici

Stefano Benedetti

Collana fotografia e società

Il magico numero nove
e i suoi amici multipli

Stefano Benedetti

Distribuzione dei libri

I libri in versione ebook e cartacea sono distribuiti in tutto il mondo da Amazon e Createspace.

Molti sono anche distribuiti da Kobo, Ilmiolibro, Ibs e tanti altri store nazionali e internazionali.